ພວກເຮົາເຕັ້ນ

ໂດຍ: ພຸດທະວີ ຜົນດີ
ຮູບໂດຍ: ແນ ແຊ

Library For All Ltd.

ພວກເຮົາເຕັ້ນ

ພິມຄັ້ງທຳອິດ 2021

ຈັດພິມໂດຍ: ອົງການ Library For All
ອີເມວ: info@libraryforall.org
URL: libraryforall.org

ຮູບແຕ້ມຕົ້ນສະບັບໂດຍ ພຸດທະວີ ຜົນຕິ

ພວກເຮົາເຕັ້ນ
ພຸດທະວີ ຜົນຕິ
ISBN: 978-9932-09-147-8
SKU01181

ພວກເຣົາເຕັ້ນ

ການເຕັ້ນມີຫຼາຍແບບ.

ຜູ້ຍິງ ແລະ ຜູ້ຊາຍເຕັ້ນໄດ້ທຸກຄົນ.

ຂ້ອຍເຕັ້ນ ບໍບອຍ.

ຂ້ອຍ ແລະ ໝູ່ທັງກິ້ງ
ທັງຕິລັງກາໄດ້.

ຄົນນີ້ເຕັ້ນ ບາເລ້.

ພວກເຂົາແອບໂຕໄດ້.

ຄິນບັ້ນເຕັ້ນ ແຫັບ.

ພວກເຂົາໃສ່ເກີບທີ່ມີປາຍເຫຼັກ.

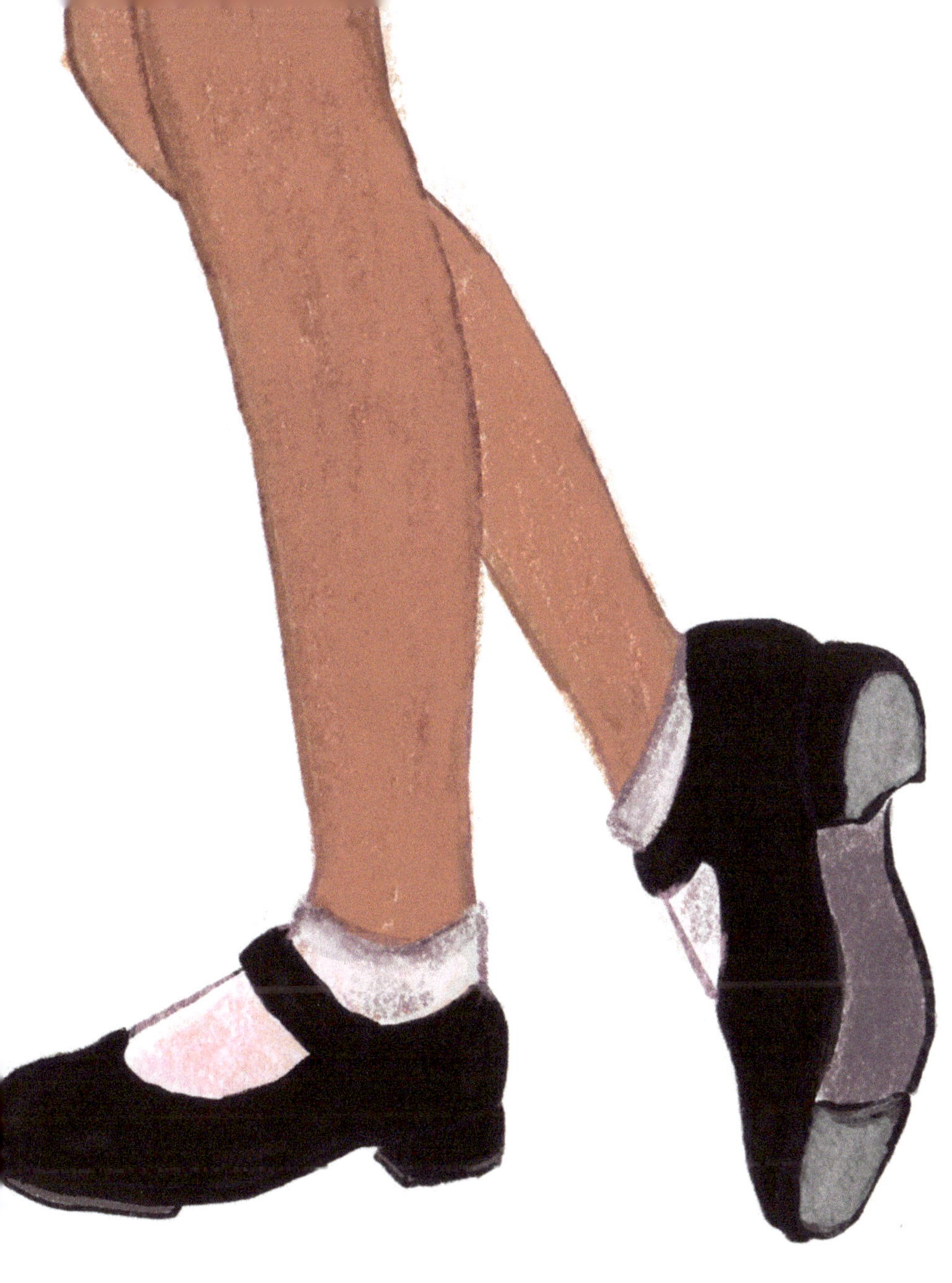

ພວກເຂົາເຕັ້ນ ລິລາດ.

ພວກເຂົາເຕັ້ນ ສອງຄົນ.

ພວກເຮົາຟ້ອນ.

ພວກເຮົາບຸ່ງຊຸດລາວ.

ພວກເຮົາທຸກຄົນຕ້ອງຢຶດເສັ້ນ
ອຸ່ນຮ່າງກາຍກ່ອນເຕັ້ນທຸກຄັ້ງ.

ຂໍ້ມູນທາງບັນນາບຸກົມຂອງຫໍສະໝຸດແຫ່ງຊາດ

ພຸດທະວິ ຜິນດິ
    ພວກເຮົາເຕັ້ນ 2 / ໂດຍ ພຸດທະວິ ຜິນດິ. -- ວຽງຈັນ : ມັກອ່ານ, 2020
    27 ໜ້າ : ພາບປະກອບສີ ; 21 ຊມ
    1. ວັນນະກຳສຳລັບເດັກ
    I. ຊື່ເລື່ອງ
808.899282 -- dc21
    ເລກທະບຽນພິມຈຳໜ່າຍ: ຕາມຫບ324ພຈ 23122020
    ISBN 978-9932-09-147-8

ເຈົ້າສາມາດໃຊ້ຄຳຖາມດັ່ງລຸ່ມນີ້ເພື່ອ
ໃນທະນາກ່ຽວກັບເລື່ອງທີ່ອ່ານກັບ ຄອບຄົວ,
ໝູ່ ແລະ ຄູອາຈານ.

ເຈົ້າໄດ້ຮຽນຮູ້ຫຍັງຈາກເລື່ອງນີ້?

ຈົ່ງອະທິບາຍເລື່ອງນີ້ ໂດຍໃຊ້ຄຳບັບບຍາຍ
1ຄຳ. ຕະຫຼົກ? ຢ້ານ? ມິສິສັນ? ໜ້າສົນໃຈ?

ເມື່ອອ່ານຈົບແລ້ວ,
ເລື່ອງນີ້ໃຫ້ຄວາມຮູ້ສຶກຫຍັງແດ່?

ໃນເລື່ອງນີ້, ເຈົ້າມັກສິ່ງໃດຫຼາຍທີ່ສຸດ?

ກ່ຽວກັບຜູ້ປະກອບສ່ວນ

Library For All ເຮັດວຽກຮ່ວມກັບນັກຂຽນ ແລະ ນັກແຕ້ມ ທົ່ວ ໂລກເພື່ອສ້າງເລື່ອງທີ່ຫຼາກຫຼາຍ, ມີຄຸນນະພາບສູງໃຫ້ກັບຜູ້ ອ່ານໂຕນ້ອຍ. ທຸກຄົນສາມາດເຂົ້າໄປ ເອັບໄຊ libraryforall.org ເພື່ອຮູ້ຂ່າວຫຼ້າສຸດ ກ່ຽວກັບກິດຈະກຳຝຶກອົບຮົມນັກຂຽນ, ຄູ່ມືຕ່າງໆ ແລະ ໂອກາດສ້າງສັນອື່ນໆ.

ປຶ້ມທຶ່ວບ້ມ່ອບບ່?

ພວກເຮົາມິປຶ້ມຫຼາຍຮ້ອຍທຶ່ວໃຫ້ເລືອກອ່ານ.

ພວກເຮົາຮ່ວມມິກັບບັກຂຽນ, ຊ່ຽວຊານດ້ານການສຶກສາ, ທິ່ປຶກສາທາງດ້ານວັດທະນະທຳ, ລັດຖະບານ ແລະ ອົງກອນທີ່ບ່ຂຶ້ນກັບລັດຖະບານ ເພື່ອນຳຄວາມເພິດເພິນ ໃນການ ອ່ານໃຫ້ກັບເດັກນ້ອຍທຶ່ວທຸກແຫ່ງ.

ຮູ້ບ່?

ພວກເຮົາສ້າງການປ່ຽນແປງທີ່ດິໃນຊົງເຂດນິ້ ໂດຍປະຕິບັດ ເປົ້າໝາຍ ການພັດທະນາແບບຍຶບຍົ້ງຂອງສະຫະປະຊາຊາດ.

libraryforall.org